# BOEKANALYSE

AF126365

# Charlotte

• • • • • • • • • • • • • • • • •

## DAVID FOENKINOS

# BOEKANALYSE

Geschreven door Laurence Lissoir
Vertaald door Nikki Claes

# Charlotte

## DAVID FOENKINOS

# DAVID FOENKINOS

## FRANSE SCHRIJVER

- **Geboren in 1974 in Parijs**
- **Enkele van zijn werken:**
  - *Het erotische potentieel van mijn vrouw* (2004), roman
  - *La Délicatesse* (2009), roman
  - *De herinneringen* (2011), roman

Als groot kunstliefhebber begon hij pas op 16-jarige leeftijd, toen hij net geopereerd was aan een borstvliesaandoening en enkele maanden bedlegerig was, te lezen, te schilderen en gitaar te spelen. Na vergeefse pogingen om een muziekband te beginnen, wendde hij zich tot het schrijven na zijn afstuderen aan de Sorbonne in de literatuur. In zijn romans behandelt David Foenkinos de liefde meestal met humor.

Op 40-jarige leeftijd heeft deze jonge auteur al verschillende prijzen gewonnen. Hij ontving de Roger Nimier-prijs in 2004 *voor Le Potentiel érotique de ma femme* en de Conversation-prijs in 2010 voor *La Délicatesse*. In 2014 won hij de Prix Renaudot en de Prix Goncourt des lycéens met zijn werk *Charlotte*.

# CHARLOTTE

## TUSSEN FANTASIELIEFDE EN FAMILIEDETERMINISME

- **Genre:** fictieve biografie
- **Referentie-uitgave:** *Charlotte*, Parijs, Gallimard, 2014, 221 blz.
- **1re uitgave:** 2014
- **Hoofdthema's:** Charlotte Salomon, nazisme, onverdraagzaamheid, uitsluiting, liefde, vaderland, familie, kunst, oorlog,

*Charlotte* is een gefictionaliseerde biografie van het leven van Charlotte Salomon, een jonge Duits-Joodse kunstenares die tijdens de Tweede Wereldoorlog werd vergast. Het boek volgt haar artistieke reis, via haar werk, en haar familiereis naar aanleiding van onderzoeken door David Foenkinos. De roman is geschreven in vrije verzen en elke zin is afgebroken, waardoor de tekst aanvoelt als een lang gedicht met een bepaald ritme.

Toen het werd gepubliceerd, was *Charlotte* een echte bestseller met meer dan 400.000 verkochte exemplaren. Het boek won de Goncourt des lycéens prijs en de Renaudot prijs. Door de pers geprezen om zijn kenmerkende literaire stijl en de manier waarop het de lezer meesleept in de zinnen en het leven van Charlotte Salomon, wordt het ook bekritiseerd om de naïviteit van zijn vals simplistische proza en zijn woorden, die nooit echt de reden verklaren voor zijn obsessie met de Duitse kunstenares.

# SAMENVATTING

## "HET HELE LEVEN VAN EEN KUNSTENAAR".

Charlotte Salomon was een Duits-Joodse kunstenares die in 1917 in Berlijn werd geboren en in 1943 in Auschwitz stierf. Diep beïnvloed door de wreedheden van haar tijd, is ze bekend om haar autobiografische werk *Leben? oder Theater?* Met behulp van de drie primaire kleuren (rood, blauw en geel) schilderde zij ongeveer 800 afbeeldingen van haar moeder, haar vader en haar hartstochtelijke liefde voor Alfred Wolfsohn, alsmede de tragische episode van de Kristallnacht en haar verbanning naar Frankrijk. De bijzonderheid van haar beeldend werk ligt in het feit dat het vergezeld gaat van beschrijvende teksten, literaire citaten en muzikale verwijzingen.

Charlotte vertrouwt haar werk toe aan Ottilie Moore, een rijke Amerikaanse vrouw die haar en haar grootouders in huis nam toen ze naar Zuid-Frankrijk vluchtten. In 1947 gaf Ottilie op haar beurt de kostbare erfenis door de ouders van de kunstenaar, die de oorlog hadden overleefd. Bijna 15 jaar lang zorgden zij voor het "hele leven" van hun dochter die werd vermoord in een gaskamer in Auschwitz. Pas in 1961 werden Charlottes schilderijen voor het eerst in Amsterdam tentoongesteld. Het werd onmiddellijk een internationaal succes: het werk fascineerde door zijn originaliteit. *Leven? Of Theater?* werd gepubliceerd in boekvorm en vertaald in verschillende talen. De roem van de kunstenaar duurde echter niet lang en het werk raakte geleidelijk aan in de vergetelheid. De oorspronkelijke collectie bevindt zich nu in het Joods Museum in Amsterdam en wordt daar zelden tentoongesteld.

Gefascineerd door het werk van Charlotte Salomon, vertelt David Foenkinos het leven van de kunstenares in gefictionaliseerde vorm in zijn boek *Charlotte*.

## EEN FAMILIE GEKOPPELD AAN ZELFMOORD

De geschiedenis van de familie van de kunstenaar lijkt een deterministisch effect te hebben: alle vrouwen worden tot zelfmoord gedreven. De eerste was Charlotte, haar tante, een jonge vrouw die alles leek te hebben om gelukkig te zijn en die op een nacht besloot zichzelf te doden door vrijwillig te verdrinken, een ondraaglijke pijn achterlatend in de harten van haar zus Franziska en haar ouders.

Om haar lijden te boven te komen en niet langer aan haar dode zus te denken, neemt Franziska, de moeder van de toekomstige schilder, een groter doel op zich en gaat als verpleegster naar de slagvelden tijdens de Eerste Wereldoorlog. Het was tijdens de operatie van een soldaat dat ze haar toekomstige Joodse man, Albert, ontmoette. De naoorlogse periode en de komst van hun dochter leiden Franziska enkele jaren af van haar zelfmoordgedachten. Ze kan de verleiding van de leegte echter niet weerstaan en gooit zichzelf uiteindelijk uit het raam om zich bij haar zus te voegen. Onbewust van de werkelijke omstandigheden van haar moeders dood, brengt Charlotte veel tijd door op het kerkhof, wachtend op de komst van haar moeder in de vorm van een engel, en raakt steeds meer teruggetrokken. Dan begint ze dwangmatig de grote Duitse auteurs als Goethe, Hesse, Nietzsche en Döblin te lezen.

## DE ONTDEKKING VAN PASSIE

Wanneer Paula, een beroemde zangeres en de nieuwe metgezel van haar vader, arriveert, ontdekt Charlotte een obsessie: Alfred, de zangleraar van haar stiefmoeder, achtervolgt elke gedachte. Door deze ontmoeting ontwikkelt Charlotte een voorliefde voor kunst en begint te schilderen om muzikaliteit en poëzie te illustreren.

Naarmate de weinige ontmoetingen met Alfred toenemen, herinnert zij zich hun gesprekken en intieme momenten steeds opnieuw. Verliefd op de professor, zullen deze gebeurtenissen haar schilderij obsederen in haar werk *Leven? Of theater?* Ze begint synesthetisch te schilderen en mengt muziek, schilderkunst en poëzie.

Haar talent werd opgemerkt en dankzij connecties slaagde ze erin de Academie voor Schone Kunsten binnen te komen, ondanks de vele beperkingen die aan Joden werden opgelegd. Niet zonder protest werd Charlotte aangenomen, maar haar werd gevraagd discreet te blijven. Op de academie was het werk van Charlotte niet buitensporig, maar haar werk werd wel gewaardeerd en de leraren waren het eens over haar "genialiteit". Daar ontmoette ze ook Barbara, een jong blond Duits meisje met geen ander talent dan verleiding, die toevallig het tegenovergestelde was van Charlotte. Ze komen regelmatig samen terug van de academie; Barbara praat en

Charlotte luistert, stiekem hopend iets meer op haar te lijken.

Bij de eindejaarsprijs wordt de eerste prijs anoniem vastgesteld om geen enkele leerling te bevoordelen. Charlotte's schilderij werd unaniem gekozen. Maar gezien de uitsluiting van joden en de lauwe ontvangst van moderne kunst in die tijd, weigerde de hele faculteit de prijs aan een jood toe te kennen angst voor de gevolgen. Charlotte werd op de situatie gewezen en stelde voor de prijs aan Barbara te geven. Drie dagen lang lacht Barbara en huilt Charlotte.

De opkomst van het fascisme blijkt ook uit de vele misstanden waarvan getuige is en soms lijdt: ze wordt uitgesloten van alle onderscheidingen, haar vader mag zijn beroep niet meer uitoefenen en haar schoonmoeder wordt uitgejouwd bij haar concerten. Na de Kristallnacht (1938) werd haar vader naar een kamp gestuurd. Na de bevrijding van het kamp dwongen Charlottes ouders haar het land te verlaten om zich bij haar grootouders te voegen. Ze vluchtten naar Zuid-Frankrijk en woonden daar bij een rijke Amerikaanse vrouw, Ottilie Moore.

## BALLINGSCHAP IN ZUID-FRANKRIJK

Op het perron van het station laat Charlotte haar jeugd en haar lieve liefde Alfred achter en doet alsof ze alleen maar een paar dagen naar haar zieke grootmoeder gaat. Alfred zegt haar bij wijze van afscheid enkele woorden: "Moge je nooit vergeten dat ik in je geloof" (p. 129).

Charlotte wordt overweldigd door de schoonheid van het Franse platteland en vindt haar aankomst in Villefranche-sur-Mer een verademing. Op het landgoed van Ottilie Moore, bekend als « L'Ermitage », observeert Charlotte de wonderen van het leven door de spelletjes en het gelach van de kinderen. Maar de jonge vrouw wil niet actief deelnemen aan dit nieuwe leven, omdat ze zich schuldig voelt dat ze haar geboortedorp is ontvlucht en haar familie aan hun trieste lot heeft overgelaten. Stil en teruggetrokken begint Charlotte de kinderen om zich heen te trekken. Ottilie ziet haar talent en moedigt haar aan om te schilderen door haar schetsen te kopen en haar de materialen te geven die ze nodig heeft om haar kunst te beoefenen.

Na verloop van tijd verslechtert de relatie tussen de grootouders en hun gastheer, tot ze op een dag besluiten met Charlotte te verhuizen naar een huis in Nice. Na de zelfmoord van haar grootmoeder, over wie ze bijna dag en nacht waakte, ontploft haar grootvader van woede en onthult de ware van haar moeders dood. Charlotte begrijpt dat alle vrouwen in haar familie zich aangetrokken voelen tot leegte en bepaalt een logica: 13 jaar scheiden de dood van haar moeder en die van haar tante en grootmoeder. Charlotte bepaalt daarom dat ze waarschijnlijk in 1953 zelfmoord zal plegen. In juni 1940 werden zij en haar grootvader naar een werkkamp gestuurd, waaruit zij gelukkig enkele maanden later werden vrijgelaten vanwege de gezondheid van de oude man. Verward en verloren beseft ze, dankzij dokter Moribis, dat ze moet schilderen om te leven en niet in waanzin te vervallen. Dan besluit ze zich bijna twee jaar op te sluiten in een hotelkamer om zich aan haar kunst te wijden. Deze levensreddende activiteit resulteerde in een picturale autobiografie bestaande uit 800 gouaches en geschilderde teksten met muzikale annotaties die haar herinneren aan de melodieën die haar op de piano speelde aan de lyrische stukken van Paula en Alfred.

## HET EINDE

Als het werk af is, vertrouwt Charlotte haar werk toe aan dokter Moribis en besluit terug te keren naar de Hermitage, waar Alexander Nagler, een vroegere minnaar van Ottilie, verblijft. Een liefdesrelatie tussen deze twee eenlingen is geboren. Ze stopt met het bezoeken van haar verfoeilijke grootvader wanneer hij sterft, waardoor ze zonder familie komt te zitten. De twee geliefden besluiten te trouwen en Charlotte wordt zwanger. Na de Italiaanse capitulatie en de komst van de SS Alois Brunner (1912-2010) worden mensen aangezet om te klagen en in heel Frankrijk worden razzia's op Joden georganiseerd. Ondanks hun discretie luidde een telefonische aanklacht van 21 september 1943 de doodssteek in voor de jonge schilderes, die binnenkort moeder zou worden. Op 27 september kwam ze met haar man, ook joods, aan in het doorgangskamp in Drancy na een lange reis, gepropt in een treinwagon. Charlotte blijft hoopvol, denkend aan haar vader die uit het kamp Terezin werd bevrijd, aan haar en haar grootvader die levend uit het kamp Gurs kwamen, en aan de SS'er die haar uit de bus trok op weg naar een vernietigingskamp.

Als ze aankomt op haar bestemming, Auschwitz, wordt ze direct met vele andere vrouwen naar de douche gestuurd, wat een gaskamer is. De inscriptie bij de ingang van het kamp, "*Arbeit macht frei*" (Werk maakt vrij), is de laatste zin die zij leest.

# KARAKTERSTUDIE

## CHARLOTTE SALOMON

Charlotte Salomon was een Duits-joodse kunstenares, geboren op 16 april 1917 en overleden in oktober 1943. Een charmante jonge vrouw met blauwe ogen en blond haar, werd herhaaldelijk voor een Ariër. Gepassioneerd door de kunst, ontwikkelde ze haar eigen stijl en werd door velen als een "genie" beschouwd.

Ze is stil, gereserveerd en eenzaam sinds de dood van haar moeder. Hecht aan haar vader en stiefmoeder door een sterk kinderlijk gevoel, neemt ze uiteindelijk de beslissing om zich bij de vrije zone aan te sluiten om haar vader verdere zorgen te besparen. Sinds haar ontmoeting met Alfred, de zangleraar van haar stiefmoeder, is Charlotte door hem geobsedeerd en wordt ze smoorverliefd op hem. Hun scheiding is moeilijk voor de jonge vrouw, die jarenlang door zijn beeld wordt achtervolgd. Uiteindelijk vereeuwigde ze Alfred en haar liefde voor hem in haar werk *Life? Of theater?*

Charlotte wordt in de roman voorgesteld als een discrete en oplettende vrouw en blijft kalm en beheerst in de meest gruwelijke situaties, met name wanneer zij wordt gedeporteerd naar het kamp van Drancy. In Frankrijk besteedt ze al haar tijd aan de ontwikkeling van haar werk en lijkt ze onbereikbaar tot het moment van haar zwangerschap.

Zij is de schakel tussen alle personages en laat een onuitwisbaar spoor achter in hun geheugen.

## FRANZISKA GRUNWALD

Ze is de moeder van Charlotte Salomon. Ze is teruggetrokken en somber sinds de dood van haar jongere zus Charlotte, maar haar ontmoeting met de arts Albert Salomon en de geboorte van hun dochter halen haar voor even uit haar ziekelijke verdriet. Naarmate de tijd verstreek en haar man vaak afwezig was, verviel ze in haar verwarring en nam de depressie langzaam overhand. Manisch-depressief, ze gaat in een mum van tijd van een lethargische toestand naar een opgewonden: toestand: ze kan haar dochter naar rechts en naar links brengen en zich dan dagenlang opsluiten. Uiteindelijk pleegt ze zelfmoord door zich uit het raam van haar ouderlijk huis te gooien.

## ALBERT SALOMON

Albert, een wees, is een briljante man die zich volledig wijdt aan zijn werk. Tijdens de Eerste Wereldoorlog werd hij als chirurg naar het slagveld gestuurd en ontmoette hij zijn vrouw Franziska. Hij vervolgde een succesvolle carrière als arts en gaf tot 1933 les aan een universiteit in Berlijn. Dat jaar markeerde het begin van zijn professionele neergang, omdat Joden hun beroep niet langer mochten uitoefenen.

Na de Kristallnacht pogrom werd hij gevangen gezet in het kamp Sachsenhausen. Na vier maanden, uitgeput door lichamelijke arbeid, werd hij dankzij de invloed van zijn vrouw vrijgelaten. Nu uitgeput en paranoïde, heeft hij slechts één obsessie: dat zijn dochter in veiligheid gaat leven in de vrije zone.

Hij vluchtte op zijn beurt met zijn vrouw Paula naar Nederland, waar ze uiteindelijk in 1943 werden gearresteerd. Zij wisten echter te ontsnappen uit het kamp Westerbork en bleven ondergedoken tot het einde van de oorlog.

## PAULA LINDBERG

Ze wordt beschreven als een bescheiden zangeres, maar met een adembenemend talent. Ze is een zorgzame schoonmoeder voor Charlotte. Met de komst van het nazisme aan de macht ondergaat zij een sociale afgang vanwege haar Joodse status, die zij moeilijk kan accepteren.

## ALFRED WOLFSOHN

Als zangleraar, geboren in 1896 en overleden in 1962, vond hij een techniek uit om de stem te positioneren. Zelfverzekerd, consequent en onbevreesd is hij sinds zijn terugkeer van het front in de Grote Oorlog geobsedeerd door de mythe van Orpheus, waarin de held de onderwereld doorkruist om zijn geliefde te vinden: "Hij denkt onophoudelijk aan het doorkruisen van de duisternis. Tijdens de nazitijd mag hij niet meer met niet-joodse cliënten werken en daarom neemt hij Paula Lindberg, Charlottes schoonmoeder, aan als leerling, op wie hij verliefd wordt.

Geïnteresseerd in de artistieke kwaliteiten van Charlotte, eindigt hij een romance, zonder bijzondere gehechtheid, in haar armen. Terwijl hij haar hele leven obsedeerde, had hij maar één echte passie, muziek. Pas na de oorlog, toen hij Charlottes boek *Vie? Of theater?* gepubliceerd naar aanleiding van een tentoonstelling van het werk van de jonge kunstenaar, dat hij zich bewust werd van de invloed die hij op haar had.

## DE GROOTOUDERS

Deze mensen, verwoest door de dood van hun twee dochters, houden zielsveel van hun kleindochter en geven haar hun liefde voor kunst door. Door hun vele reizen naar musea ontdekte Charlotte de schilderkunst. Gedwongen om in het buitenland te leven aan het begin van de eerste beperkingen tegen de Joden in Duitsland, drongen zij er destijds op aan dat hun kleindochter met hen mee zou gaan naar Frankrijk, wat zij pas enkele jaren later deed.

De grootmoeder lijkt net zo depressief als haar dochters: ze lijkt te worstelen om zichzelf niet te laten sterven. Op een dag neemt dementie de overhand en is ze ervan overtuigd dat de nazi's alle Joden gaan vermoorden. Ze pleegt zelfmoord door uit het raam te springen.

Haar man wordt beschreven als een zwijgzaam persoon die in afzondering leeft. Na de dood van zijn vrouw, getekend door de tragische gebeurtenissen van zijn leven, onderwerpt hij Charlotte aan een ware beproeving, zowel psychisch als fysiek: "Hij laat haar uitkleden en tegen hem komen." (p. 169) Hij sterft van ouderdom, wat een opluchting is voor zijn kleindochter.

## OTTILIE MOORE

Een rijke Amerikaanse vrouw die in Zuid-Frankrijk is komen wonen, neemt veel weeskinderen op en biedt hen een aangename leefomgeving. Grootmoedig nam ze Charlotte en haar grootouders een tijdje in huis. Zij steunde de jonge kunstenares zeer, gaf haar advies en voorzag haar van schildersmateriaal. Zodra de Vrije Zone door de Duitsers was ingenomen, keerde ze terug naar de Verenigde Staten.

Bij haar terugkeer naar Villefranche-sur-Mer na de oorlog erfde zij via de dokter Moridis het werk van Charlotte, dat zij uiteindelijk aan haar ouders overdroeg.

## DR MORIDIS

Als vaste dokter van de Hermitage ontmoette hij tijdens zijn vele bezoeken Charlotte en ontdekte haar genie, haar artistieke waanzin. Hij speelde een belangrijke rol in de overdracht van het werk van Charlotte Salomon. Hij was ook getuige bij het huwelijk van Charlotte en Alexander.

## ALEXANDER NAGLER

De voormalige minnaar van Ottilie Moore, deze 40-jarige Oostenrijks-Joodse man verbergt zich in alle discretie in het verlaten pand van zijn voormalige minnares. Stil, beschermend en onhandig van aard, hij is groot, heeft een litteken op zijn voorhoofd en loopt mank door een ongeluk in zijn jeugd. Geraakt door de gevoeligheid van de man, wil Charlotte hem uiteindelijk beschermen.

In angst groeien Alexander en Charlotte naar elkaar toe en besluiten uiteindelijk te trouwen. Hij is dolblij als hij hoort dat Charlotte zwanger is. Wanneer de kunstenaar wordt aangeklaagd, besluit hij met haar te vertrekken, omdat hij haar niet alleen wil laten. Gescheiden van zijn vrouw in Auschwitz, sterft hij van uitputting in januari 1944.

## BARBARA

De enige vriendin die Charlotte maakt op de Academie voor Schone Kunsten, Barbara is het complete tegenovergestelde van het jonge Joodse meisje wiens aandachtig oor ze geniet. Ze is luidruchtig, excentriek en altijd omringd door jonge jongens. Een zuivere Duitse van geboorte, ze is het type Ariër. Zij is degene die zal profiteren van Charlotte's prijs bij de eindjury.

# SLEUTELS TOT HET LEZEN

Hoewel gebaseerd op historisch bewezen feiten, behandelt de roman *Charlotte* de jeugd, de adolescentie en het artistieke begin van deze schilder door het prisma van de fantasie. Het boek mengt twee literaire genres, de gefictionaliseerde biografie en de vrije roman, wat het veel kritiek heeft opgeleverd.

## TUSSEN GEFICTIONALISEERDE BIOGRAFIE EN VRIJE VERZEN ROMAN

### Het genre van de gefictionaliseerde biografie

Een literair genre in zwang in 2014, gefictionaliseerde biografie, ook wel biografische fictie genoemd, heeft de volgende kenmerken.

- Het verhaal gaat over een bestaande, bekende en overleden hoofdpersoon: in dit geval staat het leven van Charlotte Salomon centraal, een joodse schilderes die deel uitmaakte van de beweging.

- Het verhaal is gebaseerd op beproefde elementen, zoals correspondentie, onderzoeken, referentiedocumenten en historische gebeurtenissen: David Foenkinos is geïnspireerd op het autobiografische werk van de kunstenaar, *Vie ? Ou Théâtre ?* waarin Charlotte zelf de verhalen vertelt van haar familie, haar kindertijd en jeugd getekend door passie, nazisme en ballingschap. David Foenkinos maakte ook een soort pelgrimstocht naar alle plaatsen waar

Charlotte woonde en verzamelde getuigenissen van de kinderen van tijdgenoten van de kunstenaar.

- De verbeelding van de auteur vult de gaten die door de geschiedenis of het onderzoek worden gelaten, om het leven van het personage te romantiseren: dit is het geval in de hele roman, en vooral aan het einde, wanneer hij het laatste jaar van het leven van Charlotte en haar deportatie beschrijft, waarover weinig informatie overblijft.

- Heel vaak zet de schrijver zichzelf op het podium: hij spreekt meermaals en verklaart zijn obsessie voor Charlotte en haar werk: "Ik wist het vanaf het moment dat ik *Life? Of theater?* Alles waar ik van hield. Alles wat me al jaren dwars zat." (p. 70)

## De kunst van het vrije vers

Vrije verzen hebben geen bepaalde structuur: zinnen worden niet afgemeten, zijn niet in strofen ingedeeld en hoeven niet per se te rijmen. Het erft echter enkele kenmerken van het klassieke vers, zoals het gebruik van korte zinnen op één regel, de terugkeer naar de regel na elke zin, een lay-out met veel spaties, een bepaald ritme, de aanwezigheid van stijlfiguren, enz.

De auteur vertelt in zijn roman waarom hij vrije verzen heeft gebruikt: hij geeft toe dat hij geen lange zinnen over Charlotte Salomon kon schrijven omdat hij zo door haar geobsedeerd was en niet wist hoe hij zijn verhaal moest schrijven. Onderdrukt en verstikt door dit karakter, koos hij daarom voor deze manier van schrijven:

> "Het was een fysieke sensatie, een beklemming.
>
> Ik voelde de behoefte om naar de lijn te gaan om adem te halen.
>
> Toen besefte ik dat het zo geschreven moest worden. (p. 70)

Om de algemene vorm van het boek in overeenstemming te brengen met de syntaxis ervan, heeft de auteur de tekst georganiseerd op de wijze van een gedicht: genummerde delen die plaats maken voor een visueel vrij vers; regelafbrekingen en spatiëring.

## DE RELATIE TUSSEN BEELDEN EN WOORDEN

Het autobiografische werk *Leben? oder Theater?* van Charlotte Salomon is een zeer complex werk. Het drukt zijn stempel op de lezer door de fascinatie die het bij iedereen opwekt, of het nu zijn artistieke talent is of het verbijsterende lot dat het beschrijft. Als een dagboek, *Leven? Or Theatre?* mengt verschillende disciplines: schilderen, schrijven en muziek.

In 1940 is Charlotte Salomon, een jonge Joodse kunstenares, vluchteling in Nice, in Zuid-Frankrijk. Drie belangrijke gebeurtenissen hebben net haar leven getekend en ze staat op de rand van de wanhoop: haar grootmoeder heeft zelfmoord gepleegd, ze heeft de echte oorzaak van haar moeders dood (zelfmoord) vernomen en ze is net met haar grootvader uit een werkkamp ontsnapt. Haar dokter stelt voor dat ze voor haar eigen bestwil haar emoties en innerlijke waanzin moet loslaten. Dan wordt ze zich bewust van de noodzaak om haar leven op papier te zetten. Overtuigd dat ze voorbestemd was om zelfmoord te plegen, zoals alle vrouwen in haar familie voor haar, lijkt Charlotte een spoor achter te willen laten voordat ze verdwijnt. Ze onderzoekt haar herinneringen en wil het leven van haar familie, haar eigen leven, de verschrikkingen tegen de Joden, haar obsessies voor kunst en voor Alfred in beeld brengen.

Na twee jaar isolement schilderde ze ongeveer 760 gouaches van 30 x 39 cm, met de drie primaire kleuren – blauw, geel en rood. De schilderijen, gegroepeerd in de vorm van een boek, worden regelmatig van elkaar gescheiden door transparante bladen, alsof Charlotte heeft geprobeerd een uitgave van mooie boeken na te maken, zoals die welke de bibliotheek van haar vader sierden. Deze schilderijen, met hun expressionistische stijl, lijken op stripverhalen, waarin tekst en beeld worden vermengd, en op cinematografische technieken (gezichtshoeken, perspectief, enz.). Zo worden de verhalende gouaches gelezen in een bepaalde richting, die regelmatig varieert (horizontaal, verticaal, diagonaal, enz.), met verschillende gezichtspunten (lage hoek, close-up, enz.) en worden ze afgewisseld met talrijke teksten. De teksten omvatten verklarende beschrijvingen en dialogen – voor te lezen volgens de aanwijzingen van de kunstenaar – citaten van filosofen en literaire werken, en teksten uit Duitse volksliederen. De muziek beweegt zich tussen de tekeningen en de teksten, als een deuntje dat plotseling in je hoofd opkomt. Verwijzingen naar symfonieën, opera's en andere muzikale uitingen worden door de auteur niet gegeven, maar er zijn werken te vinden van Bach (barokcomponist, 1685-1750), Schubert (romantisch componist, 1797-1828) en Gluck (klassiek componist, 1714-1787). Charlotte, die nooit in de eerste persoon schrijft, verschijnt in de commentaren van de personages of in de vertelstem die ritme geeft aan dit boek-schilderij.

In *het leven? Of theater?* Charlotte slaagt erin het "leven" te herscheppen via de thema's en artistieke technieken die zij kiest. Aangezien haar werk een beroep doet op de zintuigen van het zicht (schilderen), het gehoor (muziek en dialoog) en de tastzin (het omslaan van de bladzijden van het boek), levert de oefening om het in zijn geheel openbaar en toegankelijk te maken veel moeilijkheden op. Het is namelijk onmogelijk om elke toeschouwer-lezer de kwetsbare bladzijden van de collectie te laten omslaan, omdat die dan beschadigd dreigen te worden; evenzo zou het mengen van alle geluidsreferenties (muziek en dialoog) in een tentoonstellingsruimte ook een soort kakofonie creëren. Deze complicaties tonen de originaliteit van dit ongewone werk.

## GOED OM TE WETEN: EXPRESSIONISME

De term expressionisme verscheen voor het eerst in 1911 en wordt vooral in verband gebracht met het interbellum. De werken van deze kunststroming ademen een ongezonde sfeer van opstand uit. Expressionisme wordt gekenmerkt door het gebruik van felle en gewelddadige kleuren die de werkelijkheid vervormd of overdreven weergeven en niemand onverschillig laten. Tijdens de naziperiode (1933-1945) werd deze beweging beschouwd als een vorm van "ontaarde kunst": de beoefening ervan werd verboden en verschillende werken werden zelfs vernietigd.

Het expressionisme beperkt zich niet tot de schilderkunst: het is ook terug te vinden in andere kunstdisciplines zoals literatuur, theater, film en muziek. *De Schreeuw* van Edvard

Munch (1863-1944), *De Oorlog* van Otto Dix (1891-1969) of de *Straatscène in Berlijn* van Ernst Ludwig Kirchner (1880-1938) zijn allemaal expressionistische schilderwerken.

# DE OBSESSIE VAN EEN SCHRIJVER

Meermaals spreekt David Foenkinos tussen de regels door om, als tussen elke ademhaling door, zijn obsessie voor de kunstenares Charlotte Salomon uit te drukken. Voordat hij door haar geobsedeerd raakte, was de auteur gefascineerd door Aby Warburg (1866-1929), een kunsthistoricus die over een rijke bibliotheek beschikte. Toen al voelde hij zich aangetrokken tot het Duitse volk, waarvan hij de taal niet kende; dit weerhield hem er niet van zijn personages er in verschillende van zijn romans mee uit te rusten. Hij was ook gefascineerd door alle vormen van Germaanse kunst, van muziek tot literatuur, schilderkunst en design.

Hij ontdekte het werk van Charlotte Salomon bij toeval, tijdens zijn omzwervingen, op uitnodiging van een vriend die in een museum in Berlijn werkte. Ze nam hem mee naar de zaal waar het werk van de Joodse kunstenaar tijdelijk werd tentoongesteld. Het was liefde op het eerste gezicht voor David Foenkinos, en het begin van een echte obsessie:

> "En het was onmiddellijk.
>
> Het gevoel eindelijk gevonden te hebben wat ik zocht.
>
> [De onmiddellijke samenspanning met iemand. (p. 69-70)

De schrijver begon toen het leven van Charlotte te onderzoeken. Jarenlang nam hij haar werk door en verwees naar haar in zijn eigen romans. Hij droomde ervan een biografie van de kunstenaar te schrijven als eerbetoon aan het werk *Life? Of theater?* besloot hij een soort pelgrimstocht te maken langs alle plaatsen waar Charlotte had gewoond: haar school, haar flat, de Hermitage, het hotel, enz.

> "Vele malen, mijn stappen in zijn stappen.
>
> Heen en weer in de voetsporen van Charlotte als kind. (p. 33)

Hij weet echter niet hoe hij dit werk moet schrijven: "Welke vorm moet mijn obsessie aannemen?" (p. 71) Hij stikt van angst bij het idee te falen in zijn herinneringsplicht. Omdat hij geen twee zinnen achter elkaar kan schrijven, besluit hij in vrije verzen te schrijven, naar de regel alsof hij op adem wil komen.

Dit poëtische werk heeft niemand onverschillig gelaten. Toegejuicht door sommigen en vermoord door anderen, onthult *Charlotte* een virtuositeit die de grootste literaire werken waardig is en een stempel drukt op het onderbewustzijn van de lezer.

# MOGELIJKHEDEN TOT BEZINNING

## EEN PAAR VRAGEN OM OVER NA TE DENKEN...

- Hoe kunnen we het historisch perspectief van deze roman analyseren?

- Hoe zou u de schrijfstijl van de auteur omschrijven?

- Welk beeld denk je dat geassocieerd wordt met de mannelijke figuur in dit werk?

- Denkt u dat er sprake is van determinisme in Charlottes familie, of denkt u dat de zelfmoorden verband houden met externe gebeurtenissen?

- Welke rol speelt kunst in deze roman? Hoe lijkt het bevrijdend voor Charlotte? Leg uit.

- Geef commentaar op deze zin *Arbeit macht frei* op basis van de historische context.

- Vat de belangrijkste elementen van de Tweede Wereldoorlog samen met behulp van de in het werk aangehaalde historische elementen.

- Analyseer het karakter van Ottilie Moore. Beschouw je haar als een oorlogsheld?

- Analyseer Alexanders toespraak wanneer hij zich joods verklaart om met Charlotte te kunnen trouwen. Schrijf een

argumentatieve dialoog om te proberen met hem te rede-
neren over deze keuze.

- Geef commentaar op de epigraaf van de roman: "Hij die,
levend, niet in het reine komt met het leven, heeft een
hand nodig om de wanhoop van zijn lot te bezweren". Hoe
begrijp je na het lezen van de roman dit citaat uit Kafka's
*Dagboek*?

# OM VERDER TE GAAN

## REFERENTIE-UITGAVE

Foenkinos D. *Charlotte,* Parijs, Gallimard, 2014.

   Beeldend werk

Salomon C., *Leven? Ou Théâtre ?* Parijs, Le Tripode Éditions, 2015.

*We horen graag van jou! Laat
een reactie achter op jouw online bibliotheek
en deel je favoriete boeken op social media!*

De uitgever garandeert de betrouwbaarheid van de gepubliceerde informatie, die echter niet onder zijn verantwoordelijkheid valt.

www.50minutes.com

Master ISBN: 9782808688000
Papier ISBN: 9782808699402
Wettelijk depot: D/2023/12603/1220

Omslag: © Primento

Digitaal ontwerp: Primento, de digitale partner van uitgevers.